AF562732

(224e)

NOTICE

D'ESTAMPES

ANCIENNES & MODERNES

PORTRAITS

Vignettes, Vues, etc.,

QUI SE VENDRONT PAR FORTS LOTS

HOTEL DES COMMISSAIRES-PRISEURS

Rue Drouot, 5

PETITE SALLE N° 6, AU PREMIER

LE VENDREDI 1er JUIN 1866

A UNE HEURE PRÉCISE

Me DELBERGUE-CORMONT, Commissaire-Priseur,
rue de Provence, 8,

Assisté de **M. VIGNÈRES,** marchand d'Estampes,
rue de la Monnaie, 13, à l'entresol; entrée rue Baillet, 1,

Chez lequel se distribue la présente Notice.

PARIS

RENOU & MAULDE

IMPRIMEURS DE LA COMPAGNIE DES COMMISSAIRES-PRISEURS

rue de Rivoli, 144.

1866

CONDITIONS DE LA VENTE

Elle sera faite expressément au comptant.

Les Acquéreurs paieront, en sus du prix d'adjudication, CINQ pour CENT, applicables aux frais.

DÉSIGNATION

École française en noir et en couleur, par et d'après les Audran, Boucher, Callot, Drevet, Duplessis-Bertaux, Fessard, Fragonard, Greuze, Janinet, Labelle, Le Bas, Lempereur, Lepautre, Liotard, Mariage, Masquelier, Moreau, Ransonnette, Tardieu, Tremolière.

Sanguines par Demarteau et autres, d'après Watteau et autres.

La Chananéenne, par Avril.

Orphée et Eurydice.

Les Moissonneurs, par Varin, d'ap. Léopold Robert.

Tentation de saint Antoine, par Picault, etc.

Napoléon recevant son fils, etc.

École flamande, par et d'après Berghem, Rubens, Weirotter, Visscher, et autres. Eaux-fortes, etc.

École italienne, par et d'après Carrache, Porporati et autres.

Portraits de célébrités diverses, gravés et lithographiés ; environ 800.

Lithographies par et d'après Calame, Decamps, Diaz, Français, Hippolyte Lecomte. Costumes : Lepoitevin, Mouilleron, Villeneuve, etc.

Vignettes anciennes et modernes, anglaises et françaises, environ 1,500 par et d'après Cochin, Deveria, Eisen, Gravelot, les Johannot, Marillier, Monnet, Moreau et autres.

Sujets militaires, Batailles de Rugendas, Batailles de Chine, Sujets équestres volume 1699.

Allégories, Sujets religieux, Sujets relatifs au théâtre. Sujets tirés de l'Artiste, gravés et lithographiés; eaux-fortes, Costumes anciens et modernes.

Caricatures anglaises et autres, par Daumier. Grandville, Henri Monnier, Traviès.

Architecture sépulcrale et autre.

Volumes divers d'architecture, Palladio et autres.

Vues de Rome, 1765 et autres.

Colonnes, Obélisques, Monuments divers.

Vues de villes de France, Paris, etc.

Plans divers de Paris pour l'histoire de la Police, par Coquerel, en l'an IV, et autres.

Plans et Fortifications, Vues d'optique.

Voyage au Tyrol.

Armures, Antiquités, Archéologie.

Ornements, meubles, décors par Normand et autres.

Titres gravés, etc.

Dessins d'architecture civile par M. Bellanger, qui, en 66 jours, fit exécuter son plan du château de Bagatelle et ses dépendances ; environ 200.

— Architecture hydraulique, environ 200. On remarque parmi, un immense dessin géométrique très-bien lavé et parfaitement exécuté des travaux hydrauliques de la Loire dans tout son parcours depuis l'île de Chiron jusqu'à Saint-Nazaire, il a environ 10 mètres de long sur 1 mètre de haut à l'échelle de 1 à 10,000.

Renou et Maulde, Imprimeurs de la Compagnie des Commissaires-Priseurs, rue de Rivoli, 144. 52786

Monsieur Vignères
marchand d'Estampes
rue Baillet
Paris.

rue de l'Oratoire du Roule
Cité Odiot

1-20

Monsieur Vignier

Rue Baillet 1.

Paris.

Mr Gorju

7 · Cité Odiot au rez de chaussée

voiture par la rue de l'oratoire du roule –

total	297 – 50
Frais	128 – 90
net –	168 – 60

Paris 5 juillet 66.

Monsieur Vignères

Si vous voulez bien venir chercher les gravures qui me restent elles sont prêtes a emporter.

Quand vous viendrez que ce soit toujours de quatre à neuf heures a midi.

J'ai l'honneur d'être votre très humble serviteur Corot

cité d'Ant 7.

nombre de lots. nombre de pièces.

Ce que contient ce 9e Carton.

1. 29. Gd. fo. Rugendas. Batailles.
2. 12. fo. gravées par Pietro Marco. figures de la Bible.
3. 8. fo par Fessard, d'après Tremolière et autres.
4. 9. fo. Gravées par Tardieu et autres
5. 7. fo. en couleur par Mr Empereur et autres.
6. 18. fo. Eaux fortes avant la lettre par Duplessis Bertaux
7. 230. Vues de Rome.
8. 19. gd. Colonnes et Obélisques.
9. 14. Gd. fo. Batailles de la Chine.
10. 3. Portraits par Sizdeniers.
11. 30. fo. par Porporati et autres
12. 20. par Berchem, Verster et autres
13. 2. Les Moissonneurs par Varin d'après L. Robert.
14. 18. Gravures Anglaises et françaises en Couleur par Masquelier, etc.
15. 16. G. d'après Fuseli et autres en Couleur.
16. 20. G. anciennes de diverses écoles, par Drevet et autres.
17. 2. Gd. fo. sur Chine, par Reynolds d'après H. Vernet.
18. 4. Gd. fo. par Le Rouge d'après Melling. Vues de Chine
19. 1. Gd. fo. avant toute lettre, Napoléon recevant son fils.
20. 2. avant la lettre, par Moreau, Gd. fo.
21. 8. Gd. fo. apothéose de Lafayette, l'orage avant la lettre.
22. 2. Gd. fo. La Cananéenne par Avril, Orphée et Euridice
23. 3. Gd. fo. La Tentation de St Antoine par Picault, et autres.
24. 11. Très Grande Vue de Rome 1765. manque une pièce
25. 8. Gd. fo. par Mariage, Coutard et autres.
26. 9. Gd. fo. par Liotard, Vischer, J. Orton et autres.
27. 12. Gd. fo. d'après De la Croix et autres.
28. 22. fo. Mélanges de Gravures Anglaises et françaises.
29. 20. fo. Mélanges.
30. 19. Gd. fo. Marines par H. Vernet.
31. 69. Architecture Sépulchrale, par Picard et autres.
32. 16. fo. Eaux-fortes, Vues historiques.
33. 26. fo. d'après Carle et Horace Vernet.

34. 14. Mixelle.
35. 20. D'après Boucher, Le Potre et autres
36. 18. D'après Rubens, Carrache et autres.
37. 20. par Marsonnette et autres
38. 10. Allégories par Berthault et autres.
39. 31. fo. Vues Pittoresques.

Fin du Grand Carton.

Ceux contiennent des Paquets.

---

40. 55. Gd. fo. et 4o. anciennes Vues de Villes.
41. 50. Relatives a la ville de Paris.
42. 14. Plans anciens de Paris provenant de l'histoire de la police et autres
43. 1. très Grand plan de Paris de l'an 4. Gravé par Coquart et autres
44. 55. Plans de Batailles et Villes Fortifiées.
45. 58. Plans de Fortifications.
46. 24. Vues pour l'optique.
47. 60. Gravures anciennes Sujets religieux.
48. 55. Gravures anciennes Sujets religieux.
49. 68. Gravures anciennes Mauvais état.
50. 45. Dessins, Ornemens et Divers.
51. 46. pièces relatives aux Théatres.
52. 64 Sur Chine avant la lettre Oiseaux de Paradis.
53. 80. Lithographie par Engelmann.
54. 85. Lithographie Diverses.
55. 50. du Moniteur des arts.
56. 66. Lithographie par Villeneuve, Motte, Lasthérie.
57. 50. du Moniteur des arts.
58. 44. Eaux fortes par Werotten, Pailly et autres.
59. 60. de l'artiste et autres.
60. 23. 4o. pour Gilblas, Lith. d'Engelmann.
61. 60. Mélanges de l'artiste et autres.
62. 55. Mélanges de l'artiste et autres.
63. 24. Eaux fortes de l'artiste et autres.

Lots. pièces.

64. 20. Eaux fortes par Marvy, et autres
65. 21. Eaux fortes par Duplessis Bertaux.
66. 28. Eaux fortes de l'artiste
67. 32. De l'artiste.
68. 32. d. l'artiste.
69. 33. d. d'artiste.
70. 34. d. l'artiste.
71. 82. Ornements et Décors.
72. 68. ornements et Décors.
73. 90. Gravures d'architecture.
74. 6. volumes f°. sur l'architecture dont un Palladio en mauvais état.
75. 24 Mélange de Sujets Divers.
76. 1. volume. Encyclopédie des Echecs. f° oblong.
77. 1. volume f°. Voyage pittoresque dans le tyrol.
78. 1. vol. figure Equestre de Louis 14. 1699.
79. 1. vol. Atlas du Grand-forestier. 63 planches.
80. 56. Décors par Normand. et autres
81. 78. Gravures anciennes par Claudius Flaventius.
82. 78. Fragonard, Décors et autres
83. 115. Types et Costumes.
84. 218. types et Carricatures anglaises Vignettes.
85. 90. Types et Costumes anciens et nouveaux
86. 140. Carricatures par J. S. Lith. de Delpech.
87. 30. Carricatures politiques sur Louis Philippe et Charles X.
88. 30. Carricatures de la Pandore, du Miroir Et autres journaux de l'époque
89. 85. Grandville, carricatures f°. et autre format.
90. 130. Meubles de goût, Gravés par Bein, en couleur
91. 82. Meubles, lithographie Coloriée.
92. 100. Mélange de Gravures anciennes.
93. 40. Gravures f°. par Fessard, Pariseau et autres.
94. 20. Janinet, d'après Greuze Le Clerc et autres
95. 15. Demarteau, d'après Boucher.
96. 40. Sanguines d'après Watteau et autres

97. 40. Ornements et Antiquités. Sanguines.
98. 92. Vignettes, Marillier.
99. 145. Vignettes de Moreau, et Monnet
100. 76. Paysages par Masquelier, Née, et autres
101. 30. Casenave. Batailles d'après Martinet.
102. 48. Myris. vignettes
103. 136. Alfred et Tony Johannot, vignettes.
104. 90. Gavarny, Carricatures et Vignettes
105. 110. Gravelot et Eisen. Vignettes
106. 85. Déveria,
107. 50. Cochin, vignettes
108. 54. Marines.
109. 86. Paysages par Jacottem, Charlotte et autres
110. 45. Mouilleron, Lepoitevin, Français et autres.
111. 150. Vignettes par Blanchard, Nanteuil et autres
112. 218. Vignettes mélangées.
113. 190. Vignettes mélangées
114. 180. Vignettes mélangées
115. 150. Vignettes Anglaises et Allemandes.
116. 300. Vignettes anciennes mélangées
117. 220. Vignettes anciennes
118. 200. Vignettes anciennes
119. 100. Portraits.
120. 100. Portraits.
121. 100. Vignettes anciennes
122. 90. Portraits.
123. 100. Portraits.
124. 100. Portraits.
125. 100. Portraits.
126. 100. Portraits.
127. 100. Portraits
128. 320. Lithos gravés.
129. 50. Carricatures par Daumier et Henri Monnier.

130. 40. Carricatures par Traviès et Jacque.
131. 30. Gravures anciennes
132. 20. Gravures Anglaises par Williamson.
133. 42. Audran, Tardieu et autres.
134. 10. Rubens.
135. 12. Gravures ancien—
136. 19. Paysages par Verdoux et Le bas.
137. 76. Archéologie.
138. 30. Lithographie paysage et autre
139. 103. Vues de Chine et de Perse.
140. 48. Mouilleron et autres de l'artiste.
141. 16. Decamps Et Diaz. eaux fortes.
142. 40. Calame et autres.
143. 30. Mélange G. ancien
144. 30. Melanges G. ancien
145. 30. Della Bella Eaux fortes et Bizemont.
146. 32. Callot et Pillement Eaux fortes
147. 14 Mikelle.
148. 40. Gravures Anglaises par Méjigot.
149. 78. Bouchard, vignettes
150. 60. Décors et armures.
151. un fort lot de Modèles D'Ecriture par d'anciens Calligraphes
152. 60. Vistes LeComte, types et Costumes
153. 100. Portraits.
154. 200. Dessins, Environ. D'Architecture Civile ancien Mr Belanger qui en 66 jours a fait exécuter son plan du Château de Bagatelle et de ses dépendances.
155 200. Dessins environ, D'Architecture Hydraulique Dont un Géométrique très bien lavé et ordinaires contenant des travaux hydrauliques de la Loire dans tout son parcours, depuis l'Ile de Chiron Jusqu'à St. Nazaire. Ce Dessin a environ 10 mètres de long sur près d'un Mètre de haut. a l'Echelle de 1 a 10,000.
156. 5. Paquets contenant environ 40 lots composés a peu près tous du même mélange.

92

Me DELBERGUE CORMONT
COMMISSAIRE-PRISEUR.
Rue de Provence, N° 8.

BORDEREAU D'ADJUDICATION

Vente

M. Vignier

Rue

Articles du procès-verbal	Numéros du Catalogue	Le 1er Juin 1866.	F.	C.	F.	C.
	78	gravure			2	10
	98	d°			1	
	99	d°			1	..
	110	300 d°			1	50
	116	110 d°			1	..
	120	18 d°			1	..
	122	92 d°			1	50
	131	124 d°			1	50
	135	78 d°			1	..
	144	100 d°			1	..
	145	140 d°			3	..
	149	28 d°			3	25
	151	220 d°			1	50
	161	2 d°			2	..
	169	1 g° portefeuille			1	..
	170	1 d°			1	..
					24	75
		5 %			1	25
					26	..

Vignier

à Reporter

Pap. Nachmann. Montmartre 39.

Articles du procès verbal	Numéros du Catalogue	Le 186	F.	C.	F.	C.
		Report d'autre part				

www.ingramcontent.com/pod-product-compliance
Lightning Source LLC
LaVergne TN
LVHW010317230826
846091LV00009B/3700

9782329537320